LES

INTERNATS UNIVERSITAIRES

RAPPORT

PRÉSENTÉ AU CONGRÈS CATHOLIQUE DU NORD

Novembre 1882

PAR

M. Alb. de Badts de Cugnac

IMPRIMÉ PAR DÉCISION DE LA COMMISSION DE L'ENSEIGNEMENT

Prix : **30** centimes

EN VENTE
Chez M. ANDRÉ GUILLAUME, Libraire
Place Saint-Denis
AMIENS

LES

INTERNATS UNIVERSITAIRES

RAPPORT

PRÉSENTÉ AU CONGRÈS CATHOLIQUE DU NORD

Novembre 1882

PAR

M. Alb. de Badts de Cugnac

IMPRIMÉ PAR DÉCISION DE LA COMMISSION DE L'ENSEIGNEMENT

Prix : **30** centimes

EN VENTE

Chez M. ANDRÉ GUILLAUME, Libraire

Place Saint-Denis

AMIENS

LES

INTERNATS UNIVERSITAIRES

La guerre entreprise par le gouvernement de la république contre l'enseignement primaire religieux est assurément un grand mal contre lequel les catholiques ont raison de lutter de toutes leurs forces, et nous ne pouvons qu'applaudir aux efforts énergiques de ceux qui, sur ce terrain, font face à l'ennemi avec tant de vigueur et de générosité; mais nous ne craignons pas d'affirmer que les ruines morales accumulées par les sectaires de l'école sans Dieu dans le domaine de l'enseignement secondaire sont plus lamentables encore. Il est évident, en effet, qu'en pervertissant cette nombreuse jeunesse française qui sera un jour dans notre pays *la classe dirigeante*, l'enseignement d'Etat produit un désastre plus grand qu'en corrompant *la classe dirigée*, car celle-ci suivra toujours plus ou moins l'impulsion de la première. Aussi les sectaires de la franc-maçonnerie ne s'y sont pas trompés, et, avec l'instinct satanique qui les guide, c'est à l'enseignement secondaire catholique qu'ils ont voulu s'attaquer tout d'abord, en excluant de l'enseignement, en proscrivant, au mépris des droits imprescriptibles de la justice et de la liberté, des hommes, des religieux dignes de la reconnaissance et de l'estime publiques, des maîtres qui ont fait leurs preuves dans l'art difficile de l'éducation, par leurs vertus, la pureté de leur morale, leur science et l'incontestable succès de leurs méthodes.

Cela n'a pas suffi; on a jeté bas les masques, et, avec une effronterie sans égale, on ne dissimule plus aujourd'hui l'intention formelle de rétablir le monopole universitaire dans toute la rigueur de sa tyrannie. C'est ainsi que M. Brisson, vice-président de la Chambre, président du groupe de l'Union républicaine, disait à ses électeurs, en novembre 1879 : « L'Etat cherche à reprendre une partie de son bien aliéné illégitimement par la loi de 1850... J'ai le ferme espoir qu'aux mesures proposées dans ce but d'autres viendront s'adjoindre. Il faut que l'Etat se défende.... il faut qu'il dise : Ceux qui ont été élevés sur les genoux de l'Eglise n'entreront pas dans mes bureaux. Désormais, je demande le certificat d'études à tous les jeunes gens qui voudront entrer soit dans les administrations, soit dans les écoles qui ont le privilège de recruter certaines fonctions publiques, c'est-à-dire l'école polytechnique, l'école forestière, l'école militaire, l'école navale, etc. Congréganistes, vous enseignez, puisque la loi de 1850, et puisque le nouveau libéralisme le veut, mais je ne vous emprunterai plus ni ingénieur, ni un administrateur, ni un officier, ni un magistrat, ni un employé. »

Les *desiderata* de M. Brisson ont été mis en pratique,

pour les admissions au Conseil d'Etat. On a fait un pas de plus : Au mois de février 1881, M. Marcou déposa un projet qui a pour but d'exiger des candidats aux baccalauréats des certificats d'études universitaires, et la proposition *libérale* du député de la gauche a été prise en considération par la commission de la Chambre des députés.

Plus tard, en janvier 1882, M. Paul Bert porta un coup direct aux collèges libres, en proposant une loi grâce à laquelle ces collèges n'auront plus de professeurs qu'avec l'agrément de l'Etat. Or, l'Etat s'appelait hier Gambetta et Paul Bert, il s'appellera demain Clémenceau et Jules Roche : quels gages de sécurité pour la liberté d'enseignement, quelles garanties pour l'Eglise, pour la famille et pour l'âme de nos enfants !

Puisque, grâce aux intentions non dissimulées de nos législateurs qui se proposent de renouveler, à l'égard de l'enseignement libre, (et quelle liberté !) la fable du Loup et de l'Agneau, nous pouvons entrevoir dans un avenir hélas ! trop rapproché, la résurrection du monopole universitaire, l'abrogation de la loi de 1850, et, par conséquent, la fin de l'enseignement secondaire catholique, il ne peut être indifférent aux pères de famille de connaître les établissements dans lesquels l'*Alma mater* compte désormais parquer leurs enfants et les former à sa façon. Pour satisfaire un désir si légitime, nous nous proposons d'étudier sommairement le régime intérieur des Internats de l'Université, l'éducation qu'on y donne, la religion qu'on y professe, les mœurs qu'on y pratique, les résultats qu'on y obtient. Nous ferons cet examen sans préventions, sans haine et sans crainte, jaloux de n'asseoir notre jugement que sur des faits incontestables, d'irrécusables témoignages. Les conclusions naîtront d'elles-mêmes de cette brève enquête, et les pères de famille auront à décider s'il leur convient d'incliner le front devant les exigences impérieuses du monopole, ou si, forts de leurs droits, pénétrés de leurs devoirs et de leur dignité, ils ne doivent pas opposer une invincible résistance aux souteneurs de la Marianne universitaire et leur répondre avec une sainte indignation : « Vous ne toucherez pas à nos fils ; vous ne souillerez pas l'âme de nos enfants ! »

« C'est dans de vastes établissements appelés *Lycées* que l'Université garde les enfants qu'elle se charge d'instruire. Ces sortes de casernes ressemblent plutôt à des prisons qu'à des lieux destinés à recevoir la jeunesse pour la former aux vertus d'un âge plus avancé. L'enfance y est flétrie avant le temps sous l'autorité de maîtres sombres qu'elle ne connaît pas, qu'elle voit seulement, qu'elle entend et qu'elle maudit. Entrez dans ces lieux : chaque heure y est fixée pour les travaux du jour. Rien n'est omis dans cet ordre immense d'études et de loisirs ; on passe avec ponctualité du bruit au silence, et de l'immobilité au jeu. C'est un tambour qui avertit. On dirait, au premier aspect, quelque chose d'admirable dans cet ensemble. Mais je ne sais quoi de farouche se reconnaît bientôt. Le maître n'approche pas du disciple ; la voix du commandement est âpre et formidable. L'obéissance est haineuse et menaçante. Il y a de la violence dans cet ordre. Point de confiance et d'amour. Point de douces paroles qui aillent au cœur. Point de consolation pour les douleurs du premier âge. Point d'excitation pour ses premiers élans de vertu. Point de conseils d'affection pour ses premières erreurs c'est-à-dire, en un mot, point d'éducation.[1] »

« On ne cherche, » écrit M. Karl Hillebrand, « on ne cherche à développer ni le sentiment du devoir, ni l'amour de la vérité, ni le respect ; les maîtres n'essaient même pas de maintenir le cœur et l'imagination de leurs élèves dans la pureté, de diriger leur esprit vers un idéal un peu élevé. » Aussi, dit Montalembert, le doute contagieux, l'impiété froide et tenace règnent-ils sur toutes les jeunes âmes que l'Université prétend instruire. Ne sont-elles pas toutes souillées, ou pétrifiées, ou glacées? L'immoralité la plus flagrante, la plus monstrueuse, la plus dénaturée n'est-elle pas inscrite dans les souvenirs de chaque enfant qui y a passé seulement huit jours? »

M. de Cormenin avait raison de dire : « Le casernement d'une masse d'enfants entre quatre murailles est une action anti-nationale, anti-morale, et anti-civique. Les collèges de l'Etat, avec leurs économes, leurs philosophes, leurs dortoirs, leurs réfectoires, leurs prisons et leurs aumôniers ne figuraient pas, que je sache, sur les budgets de Sparte, de Thèbes, d'Athènes et de Rome. Les mâles citoyens qui seraient sortis de pareils collèges!... Dangereux pour les mœurs, fatal aux bonnes études, l'internat, entre les mains d'une Université habile, étouffera tôt ou tard la liberté de l'homme et du citoyen. »

1 M. Laurentie.

Et que l'on n'objecte pas que ces reproches adressés aux internats universitaires s'appliquent également aux collèges religieux. L'expérience et les témoignages s'uniraient pour démentir cette imputation. Il nous suffirait de citer les aveux de ceux qui ont expérimenté les deux systèmes d'enseignement; de Lamartine, par exemple, qui, après avoir dépeint l'horreur et le dégoût profond qu'il éprouva dans un collège sans Dieu, parle aussi du collège de Bellay où il fut ensuite placé : « En entrant, je sentis en peu de jours la différence prodigieuse qu'il y a entre une éducation vénale rendue à de malheureux enfants, pour l'amour de l'or, par des industriels enseignants, et une éducation donnée au nom de Dieu et inspirée par un religieux dévouement dont le ciel seul est la récompense. »

« C'est ici, dit M. Chesnelong[1], qu'éclate la supériorité de nos établissements religieux, ce qui fait leur force et, j'ose le dire, malgré les passions factices qui se déclarent contre eux, ce qui fait leur popularité. »

Nous avons dit, et nous répétons que, dans les Internats universitaires, l'*éducation* n'existe pas. Ecoutons à cet égard un témoin peu suspect. Dans un article sur l'Eglise et l'Université, M. Guéroult, ancien saint-simonien, rédacteur du *Journal des Débats* et de l'*Opinion Nationale*, disait : « Sous le rapport de l'éducation proprement dite, de la culture morale, l'Université n'a jamais eu, ni pu avoir de très hautes prétentions. Entassés par centaines dans les lycées, véritables casernes civiles, marchant militairement au son du tambour,

1 Discours du 15 avril 1879.

soumis à une discipline de fer, la seule vertu que l'Université puisse sérieusement exiger des jeunes gens, c'est l'obéissance, la soumission à l'ordre extérieur et matériel. Quant à cette culture délicate qui fait germer dans l'âme humaine les bons penchants, qui déracine les mauvais, qui élève et fortifie le caractère, celui qui n'a pas reçu dans le sein de sa famille cette précieuse éducation, court grand risque de sortir du collège sans avoir *même entrevu* rien qui y ressemble. » Mais enfin, pour aborder de front la question, à qui donc est confié l'éducation morale de l'enfant dans nos lycées ? Au proviseur ? Au censeur ? Aux professeurs ? Les uns et les autres ne s'en occupent jamais spécialement. Les deux premiers fonctionnaires sont de trop hauts personnages ; ils ont d'autres soucis que de se mêler des détails de la vie des collèges dont ils ont la direction. Les rapports du proviseur et du censeur avec les enfants se réduisent à quelques remontrances faites d'un ton solennel. Quant aux professeurs, pour la plupart excellents pères de famille, fort instruits, fort honnêtes gens et fort dévoués, ils sont impuissants à remédier aux vices de l'internat ; leurs rapports avec les jeunes gens se bornent aux heures des classes ; ils sont directement chargés de la culture de l'esprit, et non de celle du cœur ; là se borne toute la part qu'ils prennent à l'éducation.

Cependant, qui s'occupe de cette partie du programme universitaire ? Qui donc remplace les parents ? Où l'enfant trouve-t-il les bons conseils du père, les exhortations de la mère, les bons exemples de l'un et de l'autre ? Qui donc encourage, loue, stimule, console, réprimande notre jeunesse?... qui? le maître d'étude, ce souffre-douleur qu'un sobriquet grotesque a rendu tristement légendaire, en un mot, *le pion*! « L'Université, dit M. Louis-Blanc, se débarrasse de tout ce qui n'est pas instruction proprement dite sur cette classe infortunée de fonctionnaires subalternes qu'on nomme *Maîtres d'étude!* Qu'arrive-t-il? que, *pris au hasard*, mal rétribués, dédaignés par les professeurs, très peu respectés par les enfants qu'enhardit le spectacle des humiliations de leurs surveillants, ces malheureux, la plupart sans ressources, ne visent qu'à se maintenir dans leur chétif emploi par l'observation littérale d'une consigne en quelque sorte militaire. »

« Ces malheureux, dit M. l'abbé Combalot, traînent une vie de dégoût et de supplice, au sein de ces républiques contenues à grand'peine par les cent rouages de la machine enseignante. » « Placés au dernier rang de la hiérarchie, ils sont, selon l'expression de Mgr Parisis, les agents les plus actifs et les plus dangereux de la dépravation toujours croissante des lycées... Ils sont la plaie la plus envenimée des internats universitaires, plaie irrémédiable! »

« C'est pourtant le *pion*, et le *pion* seul, entendez bien, qui remplace immédiatement le père et la mère auprès de l'élève. C'est entre les mains de cet homme que l'État a remis le cher dépôt que les familles lui ont confié! Aussitôt que les parents ont tourné le dos et laissé leur enfant pleurant toutes les larmes de son corps, le maître d'étude s'en empare et devient son précepteur, son éducateur!... Et vous vous plaignez que l'enfant devienne mauvais! Que voulez-vous donc qu'il soit quand, à cet âge où tout en lui est près d'éclore, il est livré à des mercenaires qui se soucient du développement de ses bonnes qualités, à peu près comme le berger se soucie de ses moutons. En butte aux mauvais traitements de ses camarades, s'il se plaint, il est puni; s'il se venge, il l'est encore davantage, c'est un brutal; s'il a de bons sentiments, il s'en cache, on rirait de lui. Et le *pion* se promène gravement, ne songeant à rien de ce qui l'entoure. Il fait un métier. Il est maître d'étude, comme il serait maître d'armes ou maître d'hôtel. Cependant il est seul chargé de l'éducation!

» Que diriez-vous d'une administration de chemins de fer qui ferait conduire ses voyageurs par des mécaniciens improvisés? Que diriez-vous de ces voyageurs d'une imprudente naïveté pour le moins? C'est un peu l'image de l'Université et des parents. La bonhomie des uns n'a d'égale que l'attachement de l'autre aux vieilles méthodes, unique et déplorable fruit de son ignorance des besoins actuels de la jeunesse. » [1]

Tous ceux qui ont passé par les mains de l'Université sont unanimes à lui reprocher les tortures qu'ils ont endurées dans ses internats. Pour nous borner à des témoignages récents, nous citerons Maxime du Camp qui, encouragé par M. Jules Simon, raconte dans ses *Souvenirs littéraires* ses souffrances de collège; Lamartine, Chateaubriand, le Père Lacordaire, Cuvillier-Fleury, M. de Sacy, Alphonse Karr, Alexandre Dumas,

1 Charles Leroux.

Alfred et Paul de Musset, Victor de Laprade, Théophile Gautier qui, à Saint-Louis, trouvait un immonde chien de cour qui se fit son bourreau. « S'il m'apparaissait, dit-il, après ce long espace de temps, je lui sauterais à la gorge et je l'étranglerais. »

Ainsi, après un demi-siècle, la douleur et la colère de l'enfant vibrent encore dans les ressentiments du vieillard. Charmant système d'éducation où l'élève, après avoir été victime, se fait bourreau à son tour. Il a souffert, il fait souffrir; il a été brimé, il brime. Quant au *pion*, il est, lui, le premier martyr, et il ne cesse de l'être qu'en devenant persécuteur. C'est un cercle vicieux de souffrances subies et rendues. »[1]

Aussi, ne faut-il pas s'étonner si la religion catholique, cette *grande école de respect et d'autorité*, est livrée à la dérision et aux outrages dans des écoles où le respect n'existe pas, où l'autorité est méprisée. L'expérience et les témoignages s'accordent pour montrer, avec Lamennais, « jusqu'où peut aller, dans les collèges de l'État, l'oubli des plus simples notions du christianisme, le mépris et l'hostilité à l'égard des vérités et des pratiques de la religion. C'est dans ces maisons que l'on trouve un fanatisme d'impiété poussé jusqu'à la persécution des élèves qui se montrent chrétiens, et quelquefois, ainsi que nous le montrerons, jusqu'à d'horribles sacrilèges. »

Pourrait-il en être autrement lorsque les maîtres donnent eux-mêmes à leurs élèves les preuves de leur

1 *Le Français*, *passim*.

indifférence, sinon de leur hostilité en ce qui regarde les pratiques du culte? Il y a quelques années, au lycée de Nîmes, le pasteur protestant étant mort, le proviseur conduisit aux obsèques tous ses élèves, même catholiques; ils entendirent les discours prononcés sur la tombe, exactement comme si on les eût conduits au prêche. Cela fit scandale. C'est ainsi qu'on conduit la jeunesse à l'athéisme par l'indifférence et le mépris de sa foi.[1] Le mal ne date pas d'hier, il est invétéré dans l'Université ; c'est un vice originel auquel la Restauration essaya en vain de remédier, que les régimes suivants n'ont pas corrigé et que le passage au ministère de l'instruction publique, d'hommes tels que MM. Jules Ferry et Paul Bert n'a pu que singulièrement aggraver. Il ne peut en être autrement, car, ainsi que le constate Lamartine, « dans nos lycées, l'enseignement du professeur ne concorde en rien avec l'enseignement du sacerdoce... Il faudrait à l'enfant deux âmes et il n'en a qu'une. »

Les deux enseignements se la disputent; le trouble et le désordre se mettent dans ses idées,... sa foi s'éteint, sa raison sans ardeur se refroidit, son âme se sèche, son enthousiasme se change en indifférence et en découragement. »

Aussi un écrivain autorisé pouvait-il dire : « Je ne vois pas qu'un père, à moins d'illusions grossières, puisse confier son enfant aux professeurs universitaires. En effet, ils sont tous les fidèles de toutes les religions

1 *L'Univers*, 20 avril 1875.

les plus opposées, les adeptes de toutes les philosophies les plus contradictoires. N'a-t-on pas vu un professeur de l'Université soutenir du haut de la chaire que, du moment où il n'y a plus de religion d'État, le maître qui enseigne au nom de l'État doit être également favorable à toutes les religions ? » Un tel système d'indifférence est la mort de tous les cultes et particulièrement du culte catholique. Ceci donne une idée de ce que peut être la religion dans les lycées, et il résulte de là une situation bien capable d'épouvanter les moins sceptiques.

Cet état se traduit par des actes odieux dont nous abrégerons le triste récit.

Dans un de ces repaires de l'impiété on a vu trente élèves aller à la table sainte, garder l'hostie consacrée et la faire servir à cacheter des lettres.

Alfred de Musset parle aussi des enfants qui « *crachaient le pain de Dieu*, ou qui se servaient de l'hostie pour cacheter des lettres.[1] [2]

Le jour de Noël 1871, au lycée de Clermont, quatre élèves commettent le plus horrible sacrilège et le journal le *Radical* ose écrire : « Cet *accident* anti-religieux se présente assez fréquemment dans les collèges, et il me souvient fort bien d'avoir assisté à de pareilles scènes de mon temps. »[3]

Des sacrilèges de même nature, des profanations, des outrages envers les ministres du culte catholique étaient

1 OEuvres. T. VIII, p. 358.
2 *Confession d'un Enfant du siècle*, Ch. II.
3 20 janvier 1872.

commis par des élèves des lycées ou collèges de Douai, en 1878, de Cambrai en 1876, de Lille le 27 juillet 1878, de Roanne en 1879. En 1879, il n'y avait que *huit* communions pascales au lycée de Lille[1] et, dans ce même lycée on jouait la *Marseillaise* aux enfants de la première communion. La même année, au collège de Dôle et à celui de Neufchâteau, des élèves profanaient des hosties consacrées.

A propos d'un sacrilège commis au lycée Saint-Louis, en 1879, M. Louis Blanc crut devoir interpeller le ministre de l'instruction publique. Le ministre répondit qu'il avait fait simplement transférer le coupable d'un lycée dans un autre. Ainsi l'élève sacrilège entra *tout simplement* d'une maison dans une autre, où il pourra, au nom de la liberté de conscience, continuer ses profanations, pourvu toutefois qu'il évite le scandale! Cela suffit pour le respect dû à la foi des élèves catholiques! En 1880, le lycée d'Evreux insulte une procession : le même fait se passe à Bourg, et les élèves du lycée de cette ville s'en font gloire dans une lettre rendue publique.

Au mois de juillet 1880, les élèves du lycée de Niort insultent des ecclésiastiques.

En 1881, des élèves du lycée Saint-Louis et du lycée d'Angers demandent au ministre d'être délivrés de l'enseignement religieux; les élèves du lycée de Bourg les imitent, ainsi que ceux du lycée de Dijon. Les lycées de Limoges et de Nice, celui de Lyon, se livrent à leur

1 Voir la *Vraie France*.

tour à des manifestations anti-religieuses. Nous en passons, et de plus tristes, pour ne pas fatiguer nos lecteurs.

Doit-on s'étonner, après cela, si un crime autrefois inconnu à l'enfance, se présente dans les collèges de l'État avec une fréquence inquiétante? Nous voulons parler du suicide : N'a-t-on pas vu un Caton de quinze ans s'étrangler dans les cachots d'un collège de Paris, après avoir crayonné sur la muraille ce testament impie : « Je lègue mon âme aux mânes de Voltaire et de J.-J. Rousseau » !

En 1874, un élève du lycée Henri IV se pend dans une salle d'étude, et un élève de Béziers se fait sauter la cervelle. En 1880 et 1881, deux autres suicides épouvantent un lycée de Paris. La même année 1881, un lycéen de Bordeaux se tire deux coups de révolver. Voilà les fruits de l'école sans Dieu!

Eh quoi! la religion n'est-elle donc pas enseignée dans les établissements d'instruction publique? Chaque collège n'a-t-il pas son aumônièr chargé de dire la messe et de faire le catéchisme? Comment expliquer alors l'impuissance de la religion pour combattre et pour vaincre cette effrayante impiété des internats universitaires?

Oui, sans doute, il y a des aumôniers dans les collèges de l'État, mais « aux yeux de l'élève de l'Université, le prêtre n'est qu'un chef de service, le collègue du pasteur protestant ou du rabbin juif. » L'exemple des maîtres, l'influence des *pions*, l'éclectisme des hauts fonctionnaires de l'instruction publique, tout agit en sens opposé au sien sur l'âme de l'enfant. La personne de l'aumônier n'est qu'un leurre pour les parents encore soucieux de la religion de leurs enfants; il passe à l'état d'enseigne et décore de sa robe des lieux qu'il abhorre. « Je m'attache à la situation, telle qu'elle est en soi, disait Lacordaire, et je n'en connais pas qui joigne à un si grand dénûment de consolations humaines, une si grande privation des joies divines. Le dernier curé de village est chez lui, personne ne vient de force à sa messe; il connaît son troupeau..., il fait du bien à quelques-uns dans ce nombre d'hommes au milieu desquels il vit; mais à qui un aumônier de collège a-t-il fait du bien? Il assiste comme un témoin du ciel à la corruption de ce qu'il y a de plus aimable au monde; et si, par hasard, il sauve du vice quelque enfant plus heureux, il le voit disparaître au bout de peu de jours et n'ose pas même le regretter, tant son innocence avait besoin de fuir. »

L'aumônier, ajoute M. l'abbé Combalot, reste donc l'impuissant témoin de l'esprit de libertinage et de blasphème; et l'on n'imagine pas de torture morale pareille à celle d'un bon prêtre, quand, trompé par sa foi et son zèle, il consent à recevoir des mains de l'Université la solde qu'elle lui jette pour acheter par son inutile présence le droit de tromper les familles et de chasser Dieu du cœur de la jeunesse. A quoi se borne, au reste, la mission de l'aumônier dans la plupart des collèges universitaires? Il célèbre le saint sacrifice sur un autel méprisé; il enseigne les éléments de la foi à des enfants corrompus jusqu'à la moelle des os par le scandale; on lui accorde à peine une heure par semaine pour parler religion à des raisonneurs de quinze ans qui ne croient déjà plus ni à Dieu, ni aux prêtres.

Le peu d'influence laissé à l'aumônier dans les collèges de l'État a été encore amoindri par un récent décret de M. Paul Bert qui classe l'enseignement de la religion dans les lycées au nombre des *enseignements facultatifs!* Bientôt sans doute l'Université ne souffrira plus la présence de l'aumônier dans ses internats. Tant mieux! le manteau de la religion cessera de couvrir les infâmies dont nous n'avons donné qu'une trop faible idée. L'atmosphère morale des lycées est méphitique; à chercher à l'assainir, l'aumônier fait un travail de Sysiphe. Il lutte en vain contre un mal qui défie tous les remèdes; en un mot il reste, ainsi qu'on l'a dit avec une justesse d'expression effrayante... il reste *comme un cierge brûlant auprès d'un cadavre.*

Avec l'absence de toute éducation, avec l'impiété, l'immoralité doit nécessairement marcher de front dans les Internats universitaires. Sans doute, les internats religieux eux-mêmes n'échappent pas toujours complètement aux dangers inévitables que présentent les agglomérations de jeunes gens. Mais nous pouvons affirmer que si parfois des faits regrettables se produisent dans ces internats, ils y sont à l'état isolé et relativement rares. Le vice dans ces maisons est obligé de se dissimuler; dès qu'il se manifeste, il est sévèrement réprimé. L'active surveillance, le frein religieux surtout sont de puissants moyens de moralisation. Dans l'Université, au contraire, où la surveillance est toute matérielle, où le frein religieux n'existe pas, le vice n'est pas accidentel, il s'étale à l'aise, il vit et se propage comme une contagion nécessaire ; en un mot, il ressort du système lui-même et se développe dans un milieu qui lui est essentiellement favorable. « L'œil du sage, dit Joseph de Maistre, s'arrête douloureusement sur cet amas de jeunes gens où les vertus sont isolées et tous les vices mis en commun. »

M. Lallemant, docteur en médecine de Montpellier, a écrit ces mots : « Si j'en juge par ma propre observation, sur dix enfants adonnés au vice, dont la santé s'est altérée immédiatement ou consécutivement, on peut en compter neuf qui se sont perdus au collège. L'enfant y trouve en arrivant un foyer de contagion qui s'étend bientôt jusqu'à lui ; car le mal y est établi d'une manière endémique et se transmet sans interruption des anciens aux nouveaux. Si quelques individus échappent d'abord à ces initiations perfides, leur temps vient un peu plus tard. Comment pourrais-je reproduire ce que ces malades osaient à peine me confier en tête-à-tête et pressés par l'intérêt puissant de leur conservation? L'un d'eux me disait encore, il y a quelques jours. « Sachez seulement que les infâmes ouvrages du marquis de Sade ne sont que des églogues auprès de ce que j'ai vu. »

D'après ce qui m'est revenu des sources les plus diverses et les plus variées, je ne crains pas d'affirmer que nulle part on ne se procure aussi facilement de mauvais livres, que nulle part ils ne circulent avec plus d'impudence et de sécurité, que la cause du mal n'est pas seulement dans les élèves, mais encore dans les domestiques et les surveillants... que ces abus ne se propagent pas seulement par l'exemple et la séduction, mais qu'ils « s'imposent même par la menace et la violence. » Et que l'on ne croie pas que je ne parle ici que de faits rares, exceptionnels, ou que je les exagère. Je parle sur preuves multipliées et concordantes. D'ailleurs, tous ceux qui se sont occupés de ce triste sujet, rapportent des faits semblables. Le docteur Terraube surtout en parle très longuement. Le savant docteur ne se trompe pas : dans certaines maisons, il n'y a pas un seul enfant qui échappe à la contagion. Allez voir ce qui se passe dans le premier lycée de France. Vivez quelque temps de la vie de *pion*, et vous vous convaincrez que le fléau est général. »

Le docteur Dally dit à son tour : « J'affirme qu'en présence de l'état actuel des choses, de profondes et rigoureuses réformes doivent être réalisées dans les mœurs des collèges, où il faut aller chercher le germe des dépravations qui deshonorent la société. — J'affirme que la grossièreté du langage et des manières, le cynisme des expressions, l'état de violence permanent de nos collégiens entre eux tiennent à des traditions déplorables, et à l'absence de tout enseignement moral en dehors de l'instruction religieuse. » Doit-on trouver excessives, après ce que nous venons d'entendre, les paroles suivantes de Montalembert : « C'est la conviction la plus profonde, ce sont les souvenirs les plus pénibles, qui me dictent aujourd'hui ces mots ; c'est le cœur encore navré de ces souvenirs, que je déclare ici que, si j'étais père, j'aimerais mille fois mieux voir mes enfants croupir toute leur vie dans l'ignorance et l'oisiveté, que de les exposer à l'horrible chance que j'ai courue moi-même d'acheter un peu de science au prix de la foi de leurs pères, au prix de tout ce qu'il y aurait de pureté et de fraîcheur dans leurs âmes, d'honneur et vertus dans leurs cœurs. Catholiques, nous sommes las de ces sacrifices impies, nous sommes las de sacrifier ainsi à la créature de la Convention ce que nous aimons le plus au monde ! » Ici encore les témoignages abondent sur l'immoralité des collèges universitaires. Alfred de Musset, Lamartine, M. de Gasparin, Auguste Marceau, M. de Pontmartin, le P. Lescour, Paul Seigneretet tant d'autres nous ont laissé à cet égard les plus tristes aveux. Le Père Lacordaire a écrit: « J'avais fait ma première communion, en 1814, à l'âge de 12 ans : ce fut ma dernière joie religieuse, et le dernier coup de soleil de l'âme de ma mère sur la mienne. Bientôt les ombres s'épaissirent autour de moi, une nuit froide m'entoura de toutes parts, et je ne reçus plus de Dieu dans ma conscience aucun signe de vie... ; mon intelligence s'était abaissée en même temps que mes mœurs, et je marchais dans cette voie de dégradation qui est le châtiment de l'incroyance et le grand revers de la raison. » La presse contemporaine nous apporte sans cesse le récit de faits scandaleux dont les écoles de l'Université sont les tristes héros et les journaux républicains sont les premiers à constater que le succès des feuilles pornographiques est dû, en grande partie, à la clientèle des lycées. Le gouvernement se prête d'ailleurs à ce qui peut encourager les élèves de l'Université dans cette voie de débordements :

En voici la preuve : « Le 3 janvier 1880, on donnait à Amiens un concert au profit de la caisse des écoles. Pour garnir la salle, la municipalité ne trouva rien de mieux que de requérir les élèves du lycée et les jeunes filles de l'école normale. L'attitude de ce public de circonstance laissa quelque peu à désirer, mais ce qui indigna surtout les assistants, ce fut de voir dans une salle de spectacle, où tout est préparé pour frapper les sens et l'imagination, réunis à la fois des collégiens et des jeunes filles. Vers la fin de la soirée, deux lycéens accompagnèrent deux artistes du théâtre, en costume d'apparat pour faire une quête au profit des écoles laïques. La soirée se termina par une chansonnette dont nous demandons pardon de citer ici le refrain :

> « Quand les jeunes filles se laissent prendre par les garçons,
> « Gare aux poupons.[1]

La morale de cette soirée est tout entière dans ces quelques lignes empruntées à l'organe radical d'Amiens, le *Progrès de la Somme* : « Au temps où j'étais au lycée, j'aurais renoncé à un prix du grand concours général, je me serais vendu avec mon *thesaurus* au censeur lui-même pour me trouver dans la poétique situation des deux jeunes élèves au bras desquels ont quêté, au concert d'hier, les toutes charmantes cantatrices. Que ces deux enchanteresses ne soient pas surprises de recevoir de leurs blonds cavaliers les déclarations les plus élégiaques, imitées de Tibulle et d'Ovide. A cet âge

1 *Mémorial* d'Amiens 5 janvier 1880.

heureux on ne sait écrire aux femmes qu'en vers latins... »

Aux pères de famille d'apprécier les principes de l'enseignement laïque! L'éducation universitaire est prise ici sur le fait : Aussi, ne sommes-nous pas surpris d'entendre un écrivain du *Voltaire* s'écrier à propos de la loi Camille Sée sur les collèges de filles. « Enverront-elles des billets doux aux ténors comme nos collégiens adressent des épîtres enflammées aux divas d'opérettes? grasseyront-elles ? fumeront-elles ? les appellera-t-on « *poisseuses de l'avenir.* » Et si elles ne font rien de tout cela, que feront-elles? *Car enfin, tout cela, c'est l'internat, c'est le lycée.* » Nous ne le faisons pas dire au *Voltaire*, mais on voit par là si nous exagérons le moins du monde, lorsque nous signalons, au point de vue moral les détestables fruits de l'éducation universitaire. Apprendre à fumer, à devenir les « *poisseux de l'avenir* » à rédiger des épitres enflammées pour les divas d'opérette, voilà donc, d'après un témoignage qu'il faut croire, ce qu'est le lycée de nos jours. Quoi d'étonnant après cela que l'écrivain du *Voltaire*, s'adressant aux partisans de la loi Camille Sée, leur dédie cette apostrophe en manière de conclusion : « Trop charitables Messieurs, Dieu préserve les fils que vous avez déjà faits des filles que vous allez faire! »

Sans religion, sans mœurs, sans respect pour aucune autorité, la jeunesse universitaire ne peut être qu'une jeunesse révolutionnaire, turbulente, toujours prête à secouer, même par la force, le joug d'une servitude qu'elle méprise autant qu'elle la déteste. Aussi, Bernardin de Saint-Pierre avait raison de dire : c'est le collège qui a produit la révolution, avec tous les maux dont elle est la source, » et le trop célèbre Orsini, écrivant ses mémoires, ne se trompait pas lorsqu'il unissait dans une même pensée les internats universitaires et les associations ténébreuses que l'Université alimente en élevant une jeunesse toute prête à subir et à accepter les idées les plus subversives, et qu'il écrivait. « Les deux foyers révolutionnaires sont les collèges et les sociétés secrètes. »

Viennent des circonstances particulières, des troubles politiques, par exemple et le semblant de discipline qui retient les passions frémissantes des détenus universitaires sera vite secoué ; alors le scandale tant redouté éclate, la lave bouillonnante, comprimée longtemps, se fait jour et le cri de révolte sorti des lycées va proclamer au loin ce que l'ordre et la société peuvent espérer des générations élevées par l'Etat. Dès la création de l'Université, on voit des insurrections sans cesse renaissantes, dans lesquelles des maîtres, forcés d'élever des barricades et d'invoquer le secours de la force armée pour sauver leur vie des fureurs sanguinaires de leurs élèves, ont été, au milieu d'un collège, exposés à tous les dangers d'une ville prise d'assaut.[1] En 1825, le collège de Lyon se révoltait ; parmi les meneurs qui furent chassés, on trouve le nom du fameux Lacenaire, une des illustrations de cet établissement. De 1815 à 1824, des insurrections éclatent dans le collège Louis-

1 M. B. de Saint-Victor.

le-Grand et dans ceux de Nantes, Rennes, Bordeaux, Périgueux, Vannes, Tournon, Lyon, dans les quatres collèges royaux de Paris et dans ceux de Versailles et de Poitiers. En 1824 à Châlons, la Flèche, Angoulème, à Louis-le-Grand, Charlemagne, Soréze, Orléans, Bourges, Montbéliard, Rouen, Troyes, Sainte-Barbe, etc.

En 1826, Versailles donne le signal des révoltes.

En 1844, c'est le collège Sainte-Barbe, puis Angoulème, Caen, Valence.

Pour en venir à une époque plus rapprochée. En 1870, le collège Charlemagne se met en révolte. Les lycées de Douai, de Lille, de Nîmes, de la Franche-Comté, celui de Charlemagne et de Saint-Louis envoient aux journaux démagogiques leur souscription pour le monument de Victor Noir. L'Univers du 10 mars constate vingt ou trente révoltes dans les lycées, en un mois, et cite les lycées suivants : Nevers, Brest, Dijon, Lyon, Auch, Troyes, Lille, Douai, Toulouse, Toulon, Amiens, Nîmes, Sainte-Barbe, Louis-le-Grand, etc. etc. En 1872, c'est le collège Bourbon ; en 1873, le lycée d'Alger ; en 1874, les collèges de Bastia et de Chaumont ; en 1875 le lycée de Marseille. Mais pressons cette longue nomenclature : « En 1879, le lycée Fontanes fait sa manifestation. En 1880, les lycées de Lyon, de Montpellier, Avignon, Alger, Périgueux, Bastia, Pau, Sainte-Barbe ont leurs *journées*. En 1881, Rodez, Alby, Bergerac, Limoges, se révoltent à leur tour : en 1882, Montpellier et Besançon terminent la série. Certes notre liste est longue, mais aussi, il faut bien le reconnaître, jamais à aucune époque le gouvernement et les chefs de l'Université n'ont cherché avec autant de persistance et d'imprudence à introduire la politique dans les collèges de l'Etat. Fêtes républicaines, bustes de la Marianne, *Marseillaise*, tout est mis en usage pour républicaniser et troubler la cervelle des écoliers. En 1879, M. le préfet de Vaucluse, à la distribution des prix du collège d'Avignon, couronne le buste de la république, au son de la *Marseillaise*; au lycée de Pau, les lauréats couronnent le buste en question. Des discours incendiaires contre la religion et *l'ancien régime* sont prononcés par le député Lévêque, à la distribution des prix du lycée de Dijon, par le député Seigncbos à Tournon, par M. Cornil à Moulins, par M. Marcou à Carcassonne, par M. Diancourt à Reims, etc.

Mais le comble a été atteint lors du triomphal voyage de M. Gambetta à Cahors, où les lycéens ont acclamé ce modèle des vertus républicaines, et aussi lors du voyage de M. Ferry à Nancy. Tant d'excitations malsaines portent leurs fruits; les lycéens entrent avant l'âge dans la vie politique qui achève de leur troubler le sens commun et voilà l'origine des révoltes, des manifestations sauvages et des arrogantes revendications des droits de l'homme et du lycéen dont les délégués des collèges de Montpellier, Toulouse, Avignon, Nantes, Lyon, Macon, Nevers, Albi, Nîmes, Carcassonne, Bézier et Mende viennent de nous donner l'édifiant spectacle au congrès d'Albi.

Telle est la jeunesse formée par l'Université! Ah! combien, devant un pareil résultat, ne trouve-t-on pas de vérité dans ces paroles que prononçait en 1850, dans son mandement de carême, un prélat, dont la mémoire est resté chère à notre Flandre, l'illustre cardinal Giraud, archevêque de Cambrai! Signalant la plaie de l'éducation publique, le cardinal apostrophe ceux qui veulent de la morale sans religion : « Jamais, dit-il, on n'a tant parlé de morale et d'honneur que de nos jours. Les petits enfants en raisonnent dans les écoles et sur les places publiques ; Jamais on n'a écrit sur l'éducation plus de page philosophiques ; mais aussi doit-on convenir que jamais on n'a fait un usage plus sobre de la religion dans la composition de ces systèmes. Eh bien ! philosophes, moralistes, économistes, encyclopédistes, éclectiques, rationalistes, venez, considérez la génération nouvelle, qu'en dites-vous? Vous ne vouliez pas qu'on parlât de Dieu à un jeune homme avant sa dix-huitième année, et à quinze ans, il outrage, il brave son père... cela n'est-il pas dans l'ordre? — Vous vouliez qu'il se choisît lui-même sa religion, et il a choisi le culte du plaisir, et il s'est fait une idole de la liberté et de l'indépendance. De quoi vous plaignez-vous ! cela n'est-il pas dans l'ordre? — Vous avez voulu avant tout une jeunesse pensante et vous avez une jeunesse pensante et réfléchissante... qui, à force de penser et de réfléchir, s'est avisé que tout pouvoir est une usurpation, tout devoir une servitude. » « C'est ainsi, ajoute Mgr Parisis, qu'une race impie, dépravée, révolutionnaire, se forme sous l'influence de l'Université. Déjà, dans ses pensées aveugles et ses espérances sinistres, cette jeunesse turbulente médite des bouleversements; elle sait que le monde lui appartiendra, et le monde, dans un temps peu éloigné, apprendra, si rien ne change, ce que c'est que d'être livré à des hommes qui, dès l'enfance, ont vécu sans loi, sans religion, sans Dieu. » Et maintenant, pères de famille chrétiens, mettez vos fils au lycée et ne faites de reproches qu'à vous-mêmes si, pour un enfant intelligent et bon, on vous rend un jeune homme au caractère équivoque, au regard faux, aussi incapable de colère que d'enthousiasme, chez lequel ne couve que la flamme froide du vice ! [1] Demandez à ces pères atteints dans leurs plus profondes affections, qui ont perdu toutes leurs espérances, perdu leur paix et leur bonheur, demandez-leur s'ils prisent beaucoup quelques degrés d'instruction de plus, alors que le cœur est resté si vide, si destitué de sentiments honnêtes et de liens affectueux? Combien ils s'estimeraient plus heureux si leurs fils eussent rencontré des maîtres moins savants peut-être dans toutes les choses qui ne vont qu'à l'esprit, mais plus occupés des choses du cœur, mettant au rang de leurs premiers devoirs de combattre sans relâche les mauvais penchants, d'éveiller tous les sentiments honnêtes, de développer par tous les moyens chez leurs élèves ces puissants instincts qui donnent le goût et l'habitude de ce qui est bon et l'aversion pour le mal. [2] »

Oh ! celui qui soulèverait ce voile derrière lequel se dérobe l'intérieur des familles verrait de bien lugubres choses ! Il assisterait à des drames affreux, où le cœur

1 Le docteur A.
2 M. Corne.

des malheureux parents saigne par mille blessures, où l'on entend parfois s'échapper d'une poitrine déchirée des cris terribles comme celui-ci : « *Malheur à moi! J'ai un mauvais fils.* »

Nous terminerons par un trait authentique, bien propre à faire réfléchir les familles chrétiennes : Il y a quelques années, Mgr Freppel, évêque d'Angers, se trouvait à la gare de Tours. Il voit venir à lui un Monsieur d'un âge respectable et qui paraissait très ému : « Vous êtes bien Mgr l'évêque d'Angers?... Je savais que vous étiez ici et je suis accouru pour vous voir. Vous allez, Monseigneur, faire une grande chose, en fondant une Université catholique, une excellente chose... J'ai voulu vous en féliciter. Vous élèverez des jeunes gens qui seront l'honneur et la joie de leurs familles! Je suis privé de cette consolation!... (Son émotion l'empêchait de continuer). Ceux qui ont élevé mon fils lui ont pris la foi et les mœurs.

« Aujourd'hui, il reste de lui moins qu'un homme!... Je ne suis pas riche, Monseigneur, mais voici vingt francs que je vous prie d'accepter pour l'œuvre catholique que vous allez entreprendre! » Il n'en put dire davantage pressé de s'éloigner pour cacher ses larmes.

Nous n'insisterons pas davantage, pressé d'en venir à nos conclusions qui sont celles-ci. En conséquence de ce que nous avons exposé : en présence des dangers prochains qui paraissent menacer l'enseignement secondaire religieux, nous prions le Congrès de formuler les vœux suivants :

1° Les catholiques sont invités à user de toute leur

influence pour sauvegarder, défendre, revendiquer la liberté complète de l'enseignement secondaire.

2° Les catholiques sont également invités à se servir de tous les moyens de propagande, bonne presse, opuscules, brochures populaires, pour faire connaître aux familles les vices des internats universitaires, et les détourner de livrer leurs enfants à un enseignement si rempli de périls pour la foi et pour les mœurs.

Lille. – Imp. Lefebvre-Ducrocq

www.ingramcontent.com/pod-product-compliance
Lightning Source LLC
LaVergne TN
LVHW012148170726
843503LV00009B/4048